8º I.K 7 33

RÉPONSE
A
L'ORGANE.

Labia stulti miscent se rixis : et os ejus jurgia provocat. *Prov. Salom. C. XVIII.*

Il est, dans la vie, de ces tristes nécessités auxquelles il faut se soumettre !

Il est de ces hommes pervers, pour qui le repos est un tourment et le mal un besoin...... et personne, absolument personne, ne peut dire : « Je n'aurai jamais rien de commun avec « ces êtres-là » !

En prenant la plume pour répondre à l'Organe, je subis le joug d'une de ces tristes nécessités. En ayant à faire à lui et à ses acolytes, j'éprouve cette vérité, que j'ai déjà énoncée, « personne « ne peut dire : Je n'aurai jamais rien de commun « avec les pervers ».

En effet, qu'y avait-il de commun entre

l'Organe et moi ? Rien, absolument rien........ et cependant j'ai à faire à lui !

Subissons le joug de la nécessité, puisqu'on m'y force; entrons en lice, et commençons par un simple exposé du fait qui me jette, malgré moi, dans cette arène de boue.

Une plate rapsodie anonyme paraît ; elle attaque l'Organe, Bachacon et un troisième : elle parvient, par la poste et sous le timbre de Beziers, à diverses personnes d'Agde ; elle est montrée ; je la blâme hautement, car rien n'est plus lâche et plus vil, à mes yeux, qu'un anonyme (1).

L'Organe, plus maltraité que les autres dans cette diatribe, en fut aussi le plus furieux : dans l'impossibilité d'en connaître l'auteur, ses soupçons se portèrent, à la fois, sur dix à douze individus.

De jeunes gens, pleins de littérature et de savoir, furent accusés d'avoir fait un pamphlet qui n'était seulement pas écrit en français :

Plus tard, il transporta ses soupçons sur l'habitant d'une ville voisine, qu'il honora d'un mauvais quatrain :

Enfin, il fallut s'arrêter ; et sa délirante frénésie, sans motif et sans prétexte, donna la préférence à quelqu'un qui, sans doute, ne pensait pas plus que moi à l'Organe et compagnie.

Mais un seul accusé ne suffit pas à l'Organe : c'est une vieille habitude d'un cœur mal conformé.

Il faut cependant lui savoir gré d'avoir su se borner aujourd'hui : ...... l'âge amende...... En 1793, ce n'était pas assez de vingt suspects; il en fallait soixante-trois........ A présent, trois accusés suffisent pour en faire l'objet de mauvais vers.

Ces trois accusés sont : 1°. l'auteur présumé de la diatribe;

2°. Un autre, dont on ne parle que pour dire qu'il ne vaut pas la peine qu'on en parle, et seulement pour le comprendre dans une accusation de jacobinisme (2);

3°. Enfin, un machinateur (ou machiniste, comme dit l'Organe), instigateur, ou Apollon du grand poëte qui a offensé l'*irréprochable trio*.

Cela posé, le vocabulaire Bachacon consulté, (3) les sobriquets trouvés, l'Organe commence, sous le nom de réponse, son impertinente attaque contre ceux qui ne lui avaient rien dit...... Il fait paraître au grand jour, avec les honneurs de l'impression (4), son apologie et les plus dégoûtantes injures contre les ennemis que ce nouveau chevalier de la triste figure a créés pour avoir le plaisir de les combattre.

Certes, si l'Organe se fût borné à faire son apologie,...... toute ridicule qu'elle devait être, je ne me serais pas mêlé de la réfutation.

L'apologie de l'Organe, adressée à des Agathois, m'aurait seulement paru une fort plaisante chose; et j'aurais dit avec Horace : *Risum teneatis!....*

Mais l'Organe ne se contente pas de se louer lui-même ; il faut qu'il attaque : autre vieille habitude de son esprit (5)!

Or, parmi ceux qu'il honore de ses injures, il en est un qui m'est trop cher pour que je me taise..... C'est mon père ! Je relève le gant pour sa défense : qui pourrait m'en blâmer (6)?

Sans hésitation et sans crainte, car les méchants ne m'en imposeront jamais, je prends l'imposteur corps à corps, et je vais lui parler.

Débrouillons, d'abord, ce lourd galimatias, écrit, comme toutes les productions de l'Organe, avec une plume de plomb, trempée dans le fiel : expliquons, pour tout le monde, ce qu'il a voulu dire, car il n'est pas trop facile de comprendre ce qu'il dit! Portons la lumière dans cette œuvre de ténèbres ; disons tout. On ne craint pas le grand jour, quand on peut s'y présenter la tête haute et sans reproche!

1°. L'Organe accuse un *Longin* de l'avoir attaqué ;

2°. Il accuse un *Mentor* d'être le principal moteur de cette attaque.

Je n'aurais pas su quel était ce *Longin* (7) que l'Organe accusait, ni le *Mentor* qui avait mu le *Longin*, si le porte-voix Bachacon n'avait donné le commentaire.

Si la lâcheté n'ose pas désigner les personnes sous leur véritable nom, ce n'est pas un motif pour garder le silence ; et puisque l'Organe a expliqué et fait expliquer, dans les lieux publics, que c'était mon père qu'il injuriait sous le nom de Mentor (8), j'accepte l'attaque, et je réponds à l'Organe !

Et si, dans ma réponse, j'étais forcé de prouver que le calomniateur ment quand il se justifie, comme quand il accuse, ce ne serait pas ma faute, ce serait la sienne !

Mon père est étranger, *complètement étranger*, à la diatribe qui a offensé l'Organe.

Il n'avait aucun motif pour l'attaquer ou le faire attaquer ; s'il l'avait fait, il l'avouerait.

Personne, dans Agde, ne croit ce que l'Organe croit ou feint de croire à ce sujet (9).

Mon père n'a jamais craint ses ennemis. Il en a eu de plus puissants que l'Organe...... Jamais il ne les attaqua ; mais jamais aussi il ne se mit derrière la toile pour se défendre (10).

Mon père n'a aucun rapport avec la personne que l'Organe accuse d'être auteur de la diatribe (*); il n'a jamais été chez elle, et ne l'a pas vue deux fois chez lui depuis qu'elle est dans la ville.

Si mon père eût dû exciter quelqu'un à faire des vers contre l'Organe (11), il n'eût pas eu besoin d'aller chercher le poëte hors de sa famille; il est de notoriété que mon frère fait les vers de manière à pouvoir être avoués comme pièces littéraires (12).

Ces vers alors n'eussent pas été anonymes; car il est également notoire que mon frère a toute l'énergie qu'il faut pour avouer hautement ses œuvres, et les soutenir.

Que jamais on ne nous accuse d'écrit anonyme; jamais il n'en sortira de notre famille !

Si donc mon père eût voulu diriger une diatribe contre l'Organe,

Elle eût été moins mal faite;

Elle eût été avouée;

Elle eût, surtout, été exacte.

Or, quand on a tant de vérités à dire, le mensonge devient inutile !

(*) J'en crois cette personne incapable.

Or, mon père n'eût pas dit ou fait dire que l'Organe avait anticipé sur la loi des suspects, en demandant leur arrestation le 11 septembre 1793, c'est-à-dire, huit jours avant que la loi fût rendue.

Ce fait, imputé à l'organe par l'auteur de la diatribe, est faux.

La loi des suspects est du 12 août 1793.

La vérité est que, le 11 septembre 1793, un nommé Hérouard, Commissaire des Représentants du Peuple près l'armée des Pyrénées Orientales, arriva à Agde, convoqua le *Conseil Général* de la Commune, auquel il donna lecture d'un arrêté desdits Représentants, qui *ordonnait* l'arrestation des personnes suspectes, avec injonction au Conseil de les désigner.

La vérité est que ce fut, sur la proposition d'un forcené, que le Conseil en désigna *soixante-trois*.

La vérité est que ce fut cet homme qui accusa de *modérantisme* ceux qui voulaient en faire réduire le nombre à *vingt*.

Et cet individu, ... je laisse à l'Organe le soin de le nommer !

Or, tout cela ne se passait pas en *secret*, comme le dit l'Organe ; mais bien en séance publique, et en présence de nombreux spectateurs.

Sa mémoire l'a trahi sur ce point du *secret*...
Il aurait pu consulter son bon ami d'à présent, l'Avocat R.... qui lui aurait rappelé que ce n'était pas en *secret*, mais bien *publiquement*, que le lendemain lui, Avocat, étant parmi les auditeurs de la séance du conseil général, fut inopinément et hautement accusé d'être un scélérat, un aristocrate ; et que sur la longue énumération de ses actes d'incivisme, violemment énoncés par son accusateur, il fut sur le champ arrêté !.... Et cet accusateur de R.... je laisse encore à l'Organe le plaisir de le nommer !

Jusqu'à présent j'avais considéré comme faits historiques et avérés :

Que l'Évêque d'Agde, fort tranquille dans son palais, avait, au mois de mai 1792, à l'issue de la procession des Rogations, été attaqué par une populace furibonde ;

Qu'à la tête de cette populace, un homme frénétique s'était introduit dans les appartements de Sa Grandeur, et lui avait intimé l'ordre de quitter sans délai son palais et la ville ;

Que le respectable Juge de paix d'alors, qui était en compagnie de l'Évêque, avait demandé au chef des factieux en quelle qualité il venait donner des ordres à Monseigneur ;

Que

Que cet énergumène, sans égards pour le caractère et les vertus de celui qui lui faisait cette question, sans égards.......... lui répondit :

« Je suis L'ORGANE DU PEUPLE *qui t'a fait* « *et qui peut te défaire* (*) » ! !

J'apprends, aujourd'hui, que ces faits sont faux ;... qu'on vola seulement au secours du prélat ;... que ce fut pour le sauver qu'on lui ordonna de partir !!....

Or, ce que c'est que d'avoir de la logique ;... on prouve que, se mettre à la tête d'une sédition ;... insulter un Évêque dans son palais ;... c'est le sauver !

C'était, sans doute, pour sauver l'Avocat R..., (**) à qui personne ne songeait, qu'on provoquait son arrestation le 12 septembre 1793!

C'était, sans doute aussi, parce qu'on ne le croyait pas suffisamment sauvé dans la maison de détention de Notre-Dame, qu'on demandait, quinze jours après, nominativement, que cet Avocat fût compris dans le nombre des prisonniers transférés dans les cachots de Brescou (13)!....

Cela doit être ainsi : et ce qui prouve la re-

(*) Ce juge de paix avait été nommé par le peuple, c'était le vénérable conseiller J. Sicard.

(**) Sans comparaison entre l'Évêque et l'Avocat.

connaissance de l'Avocat, c'est l'étroite amitié qui l'unit aujourd'hui à son sauveur.

On sauva aussi (à peu près de la même manière) les RR. PP. Capucins de Notre-Dame que *cent mutins* allèrent expulser !

Mais quels étaient les *instigateurs perfides* ?

Qui était à la tête de ces *cent mutins ?* Nommez.

Jusqu'à présent, j'avais considéré, comme notoire et avéré, que c'était l'individu promoteur né de toutes les scènes d'horreur et de scandale de ces temps de malheur !

Cette notoriété avait acquis, selon moi, la force de la chose jugée par l'opinion publique; elle avait même encouru la prescription de trente ans.

Il me semble qu'on invoquerait en vain quelques témoignages isolés, pour prouver le contraire : qu'on aurait beau imaginer, à présent, du dévouement, de belles actions ; dire qu'on a paru, comme Renaud brandissant Durandale, à travers *mille morts*, quand il n'y eut pas, quand on n'eut pas une égratignure !

Les témoins pourraient bien répondre, comme le Géronte du légataire :

« *Je ne me souviens pas d'un mot de tout cela* ».

Mais, on se souvient et on se souviendra éternellement de tout le reste !

Avant de quitter le libelliste, je lui demanderai : si c'était aussi *pour sauver* Mme de Mauléon, respectable veuve, mère de trois enfants, qu'on la dénonçait, qu'on briguait sa place, qu'on sollicitait cette place dans une assemblée populaire où on ne la manqua que d'une voix, et où on ne la perdit que d'un point, *comme Martin perdit son âne* (14)?

Je pourrais bien lui demander si c'était aussi *pour sauver* un travailleur de terre, (Galtier) qu'on avait fait déclarer suspect, qu'on dénonçait la commission exécutive du conseil de la commune qui, par commisération, avait feint d'oublier l'arrestation de ce paysan ?

Mais des questions de ce genre ne finiraient pas ;... il y eut tant de torts dans ces temps de désastreuse mémoire ! Pourquoi le pamphlétaire va-t-il les rappeler ? Il n'a plus rien à perdre, je le sais ; mais qu'a-t-il à gagner ?

A présent, à quoi servira un certain mandat d'arrêt dont on veut se faire un titre de Royalisme? On offre de le montrer ;.... mais personne ne le révoque en doute (*)!....

Que prouve, d'ailleurs, ce mandat d'arrêt (15)?
Danton et le père Duchesne portèrent leur tête

(*) Quelqu'un des miens y est-il signé ? Parlez.

sur l'échafaud : alors aussi on les accusa d'être les partisans de l'aristocratie, les défenseurs officieux des aristocrates : ils avaient été chassés des Jacobins (16).

Danton et le père Duchesne en furent-ils moins, pour cela, des monstres de cruauté; et leur sang impur, versé sur l'échafaud qu'ils avaient dressé, a-t-il racheté leurs crimes?

S'ils ressuscitaient, viendraient-ils se dire *Royalistes très-prononcés*, *victimes du régime de* 93 ?

Confondraient-ils leur supplice avec le sacrifice de Malhesherbes et de tant de Martyrs montés sur ce même échafaud sanctifié par le sang d'augustes et déplorables victimes?

Qu'attendre de celui qui vient, après trente années, déclarer qu'il a joué le rôle d'un méchant, et que ce n'était alors qu'un rôle qu'il jouait?

Qui garantira que les opinions qu'il affiche à présent, ne sont pas un autre rôle de comédie, et qu'il ne saurait pas retourner son bonnet?

Encore, s'il se fût borné à sa confession et à son apologie, comme je l'ai dit, je lui en aurais laissé le plaisir ; j'aurais dit, avec le fabuliste :

« Pauvres gens ! je les plains, car on a pour les fous
« Plus de pitié que de courroux ».

Mais j'avais des calomnies à confondre : c'est

ce qui m'a forcé à démontrer la faiblesse de la justification !......

A présent, l'Organe ! serez-vous plus heureux dans vos attaques ? Hélas ! *Qui mentitur in uno, mentitur in omnibus.* Votre intime ami l'Avocat vous enseignera cet adage du palais.

Je passe à vos perfides insinuations contre mon père ; et pour vous prouver que je les redoute peu, je vais à leur devant.

Vous voulez faire entendre, car vous n'avez pas osé le dire :

1°. Que *Mentor* est un jacobin, sur qui doivent rejaillir des méfaits dont le poids accable leur auteur ;

2°. Qu'il a fait une fortune rapide ; et, à ce sujet, vous prononcez, avec autant de lâcheté que de perfidie, les mots de spoliation des églises et des dépouilles des détenus.

N'attendez pas que, pour répondre à votre premier chef d'accusation, j'aille faire le tableau de la vie politique de mon père.

Je le ferais, sans hésiter, si jamais c'était utile....... Pour le moment, je n'ai qu'à confondre vos impostures.

Mon père fut complettement étranger à l'expulsion de l'Évêque, comme à son assassinat !

Il fut également étranger à l'expulsion des Capucins.

On ne l'a vu, ni à l'Évêché, ni à Notre-Dame, aux jours d'horreur que vous rappelez (17).

Il vous défie de prouver qu'on l'ait vu prendre, directement, ou indirectement, la moindre part à ces crimes, ni à aucun autre; et jamais, au grand jamais, personne ne songea à l'en accuser (18)!

Il ne peut pas même être soupçonné d'avoir figuré parmi les instigateurs : très-jeune encore, sans influence, simple soldat dans la garde nationale, rien ne pouvait le placer dans les rangs des meneurs, lors même qu'il y en eût eu d'autres que celui que l'opinion publique a toujours signalé.

Quand les suspects furent désignés, le 11 septembre 1793, il proposa d'en réduire le nombre à vingt. Il fut accusé du crime de *modération*; et vous savez par qui (19)!

Le 17 septembre 1793 (c'est-à-dire six jours après), il partit pour l'armée avec la compagnie de canonniers dont il venait d'être nommé capitaine :

De retour à Agde avec la compagnie, il fut nommé adjudant-major de la place, sous les ordres du général Tisson :

Il remplit ces fonctions d'adjudant-major de

place, jusqu'au 6 ventose an 3, jour de son arrestation (20).

Il n'a jamais été membre du comité révolutionnaire (21).

Il n'est entré dans la carrière administrative qu'en 1796, époque où quelques lueurs d'ordre vinrent percer les nuages de terreur qui avaient obscurci la malheureuse France. Il fut alors élu officier municipal (22).

Postérieurement, il fut nommé commissaire du diréctoire près la municipalité (23).

A la création des mairies, il fut nommé maire d'Agde; et il l'a été pendant huit ans, c'est à-dire, jusqu'en 1808.

Il serait impossible à ses ennemis de citer une seule vexation, une seule injustice; il leur en porte le défi formel.

Ses concitoyens savent ce qu'il a fait pour eux dans sa longue administration; ils connaissent ses travaux pour affaiblir et faire réduire à presque rien la pesante charge de la conscription (24).

Les rues élargies et bien pavées; les reverbères établis et allumés pendant tout l'hiver; de vieux remparts et de vieilles portes abattus; des fontaines (25), des promenades, des abreuvoirs, des places publiques, créés, réparés ou édifiés;

L'acquisition de la pompe à incendie ;

Un procès entre Agde et une ville voisine (qui durait depuis six siècles), discuté, éclairé, plaidé par le maire en personne devant le conseil de préfecture, enfin terminé; et la ville dégrevée, par le gain de ce procès, de quatre mille francs d'impositions annuelles ;

Un projet d'introduire les eaux de la rivière dans la ville, près de recevoir son exécution quand mon père quitta la mairie ;

Des ateliers de charité, établis pour donner du travail au paysan pendant l'hiver; les hôpitaux restaurés, etc., etc., etc.;

Et malgré toutes ces dépenses étonnantes pour la ville d'Agde, point de dettes contractées pendant l'administration de mon père; et beaucoup de numéraire laissé dans la caisse municipale qu'il avait trouvée vide en entrant dans la mairie (26).

Tels sont les souvenirs qu'a laissés mon père d'une administration qui l'honorera à jamais, et que ses enfants citeront toujours avec orgueil !

Telle est l'esquisse du tableau de sa vie publique.

Après cela, que lui reprochera-t-on ? Ses anciennes opinions ? Il ne les désavoue pas..........
Ce désaveu est toujours faiblesse, quand il n'est pas bassesse ou hypocrisie !.....

A

A l'aurore de la révolution, mon père avait vingt-six ans : comme toutes les ames ardentes et neuves, comme nos premiers citoyens, que dis-je ? comme l'immense majorité des Français, il fut épris de la liberté avec enthousiasme : cette première impression détermina ses opinions !

Mais ce n'est pas l'opinion qui fait rougir..... C'est la mauvaise conduite !

M. de Chateaubriand l'a dit dans un de ses plus beaux ouvrages : « Tout homme qui suit, « sans varier, une opinion, est excusable, du « moins, à ses propres yeux ; un républicain « de bonne foi, qui ne cède ni au temps, ni à « la fortune, *mérite d'être estimé, quand,* « *d'ailleurs, on ne peut lui reprocher aucun* « *crime* (*) ».

Or, mon père fut toujours de bonne foi dans ses opinions !

Ce qu'il possède, n'est pas le produit de la révolution ; c'est le produit du travail et de l'économie :

Jamais il ne reçut ni récompenses, ni salaires ;

Son cœur est pur, et sa conscience est sans reproche ; en un mot, *on ne peut lui reprocher aucun crime* !

───────────

(*) M. DE CHATEAUBRIAND. Reflexions Politiques, chap. 4.

Éclairé par l'âge et l'expérience sur le néant de séduisantes et trompeuses théories, mais toujours ami de la liberté légale, il s'est rallié, dès la restauration, franchement et de bonne foi, à la Monarchie, sous l'égide de cette Charte immortelle dans laquelle notre rédempteur politique a voulu poser toutes les bases d'une liberté raisonnable.

Qu'on cite, depuis 1814, un seul de ses actes qui soit anti-monarchique !

Comment a-t-il traversé l'épreuve orageuse des cent jours, cette pierre de touche des anciens souvenirs ?

Qui respecte plus que nous la Majesté Royale ? Qui révère plus que nous l'Auguste Personne du Roi ?

J'en appelle à tous nos amis, et nous en comptons beaucoup parmi les véritables Royalistes (27) !

Passons aux autres insinuations du calomniateur.

Mon père n'a pas fait une fortune rapide !

En 1787, il entra, comme associé, dans la vieille maison de commerce sous la raison de laquelle il travaille encore.

Son travail et très-peu de bien lui donnaient les moyens de nourrir honnêtement sa famille, sa bonne mère et une ancienne amie de celle-ci, qui avait soigné son enfance.

La révolution anéantit le commerce.

Ce n'a été qu'à la reprise des affaires commerciales et à la renaissance de l'ordre, que mon père a commencé à acquérir ce qu'il possède, ainsi que l'ont fait tant d'autres de ses collègues qui n'avaient pas plus et qui ont plus que lui!

Ainsi qu'ont fait ceux mêmes qui, ayant perdu, par les malheurs des temps, ce qu'ils possédaient antérieurement, ont refait leur fortune (28)?

Pourquoi ce qui a été permis à tous les autres, aurait-il été interdit à mon père? Dans la même profession et par le même travail, il a acquis, comme eux, par des voies légitimes (29).

Ainsi, les mots de spoliations des Églises et de dépouilles de détenus ne sont que de méchants quolibets lancés par le désespoir d'une malice qui n'a rien à dire, et qui ne calcule même pas ce qu'elle hasarde!

Ces quolibets, vides de sens, ne nous effleurent seulement pas!

Le lâche et vil calomniateur qui les profère, sait, *mieux que personne*, que mon père n'a jamais fait partie des administrations de cette époque ; qu'il n'a jamais été agent chargé de dépouiller les Églises.

Que veut-il dire en parlant de cette spoliation, ou, pour mieux dire, de quoi veut-il parler ?

Serait-ce de l'enlèvement de l'argenterie des Autels ?

Il fut fait par une municipalité à laquelle mon père fut complettement étranger (30).

Serait-ce de la destruction des tableaux et de la dévastation des Temples ?

Mon père était à Toulon, chargé d'une mission purement militaire, quand eut lieu cet acte de vandalisme (31).

Serait-ce des propriétés immobilières du Clergé ?

Ce n'est pas à celui qui, après en avoir fait l'estimation avec salaire, se portait ensuite, sans délicatesse, pour prétendant et metteur à prix dans les adjudications de ce qu'il avait estimé, à reprocher cette spoliation à celui qui n'y prit aucune part !

Quant à la prétendue dépouille des détenus,.... qu'il se lève le détenu dépouillé par mon père !.... Je l'admets à la preuve........ Je lui en porte le défi....... Je lui offre une déclaration, pardevant notaire, de cette provocation !

Comment mon père pourrait-il redouter cette preuve, lui qui (comme je l'ai déjà dit) partit pour l'armée le 17 septembre 1793, six jours après la désignation des suspects et avant la fin des arrestations ?

Lui, qui n'a jamais mis le pied dans la maison d'aucun détenu, ainsi qu'il te l'a dit alors que, emprisonné et proscrit, il t'a défié, comme il te défie encore, de prouver le contraire (32).

Si tu n'étais qu'égaré, je te dirais :

Veux-tu savoir, misérable, s'il est sorti de la révolution les mains pures ? Consulte l'intègre Romieu le père...... Il te dira quelle modeste médiocrité, au sortir de ces temps d'anarchie, fut l'humble et honorable partage de celui que tu calomnies (33).

Il n'avait pas même trouvé, comme tant d'autres, les moyens de profiter des acquisitions des biens nationaux : il n'était logé, ni dans l'hôtel du Grand-Vicaire, ni, comme l'Organe du peuple, dans le palais du Prélat expulsé par le peuple ou par son Organe (34).

Il n'avait acquis que pour dix mille francs, *en assignats*, de biens nationaux dont, en 1795, il n'avait pu payer que la *dixième* partie, et que plus tard son beau-père acheva de payer pour lui.

Mais, malheureux, tu sais cela : ce n'est pas à toi que je veux l'apprendre..... D'ailleurs, pourrais-je me flatter d'intervertir l'ordre de la nature, en détruisant le principe de ton existence....... La vipère cessera-t-elle jamais d'avoir du venin !

Ainsi, celui que tu appelles un nouveau riche, *gorgé d'or par une transition brusque et rapide*, n'est que le possesseur d'une honnête aisance, acquise par vingt-six ans d'un travail assidu et considérable dans une des premières professions de la société. Cette aisance est due à l'esprit de commerce, d'ordre et d'économie; à la confiance de ses nombreux correspondants, justifiée par la probité et le zèle qui seuls la méritent et la conservent :....... confiance qui peut bien dédommager de tes calomnies !

Tels sont l'origine et le développement de ce que tu nommes *une fortune rapide*. Je n'ai pas craint de la montrer telle qu'elle est venue. Un sot, ou un fripon, peut seul rougir de n'avoir pas été toujours riche !

D'ailleurs qu'est-ce que la fortune ? N'a-t-elle pas, comme dit un ancien, l'éclat et la fragilité du verre ? Si le pauvre devient riche, le riche n'est il pas exposé à devenir pauvre (35) ?

Mon père ne reçut presque rien du sien ; et cependant celui-ci avait reçu l'aisance de celui qui lui avait donné la vie (36) ! Mon père a travaillé pour donner l'aisance à ses enfants : c'est un bienfait de plus dont ils lui sont redevables ! Il leur laissera, ce qui vaut mieux, l'exemple de l'amour du travail et la pratique de toutes les vertus : bon fils, bon époux, bon ami, excellent père ! Je vois tous les jours la tranquillité de son cœur et la sérénité de son ame braver les atteintes des méchants et les sifflements de l'envie, avec le calme d'une conscience sans reproche !

Je remercie le ciel de me l'avoir donné, ce père, tel qu'il est; je le prie de me le conserver comme le premier de mes biens : et, dans l'expression de ma reconnaissance, je ne dis plus qu'un mot; je ne le changerais pas pour un autre quel qu'il fût ! Tes enfants en diront-ils autant ?..

Je voudrais ressembler à mon père;... tes enfants voudraient-ils te ressembler (37) ?....

Puisque nous y sommes, malgré nous, achevons de nettoyer les écuries d'Augias ; et ne laissons rien sans réponse dans le sale pamphlet qui nous occupe.

Vous avez préservé notre maison du pillage et notre famille des plus grands dangers, dont elle était menacée *lors d'une sédition alarmante*, dites vous !

Que de mensonges dans ces quelques mots,

dans cette invention de prétendus dangers, et dans cette parade de prétendus secours, qu'il vous est également impossible de prouver : autre défi que je vous porte !

> L'hypocrite, en fraudes fertile,
> Dès l'enfance est pétri de fard ;
> Il sait colorer avec art
> Le fiel que sa bouche distille (*) !

Vous distillez le fiel,.... mais il vous manque l'art de le colorer ! Et, dès que dans l'échafaudage du mensonge que vous imaginez, vous faites entrer une bonne action émanée de vous (les trois amis) l'échafaudage tombe !

On voit ici le bout de l'oreille;.... votre but est de nous montrer l'objet des menaces d'une émeute ou *sédition* (comme vous le dites) de 1815. C'est mal-adroit : mais au reste, ce serait vrai que nous n'en rougirions pas. Dans tous les temps et dans tous les lieux il vaut mieux être victimes que provocateurs *et* instigateurs de séditions : entendez vous ! Il vaut mieux être pillé que pillard ! (38)

Voilà pour le principe :

Quant à la fausseté du fait, elle est bien facile à démontrer.

_____

(*) J. B. Rousseau. *Ode contre l'hypocrisie.*

Quand et comment notre maison aurait-elle été menacée du pillage ? Quand notre famille aurait-elle couru des dangers ?

Mon frère est le seul de nous qui en ait couru,.... mais ce fut lorsque sous les drapeaux de son A. R. Monseigneur Duc d'Angoulême, il marchait volontairement vers les rives de la Drôme; et que, cédant au nombre et au sort, la compagnie dont il faisait partie fut désarmée à Nîmes (39).

Moi-même ne fis-je pas partie d'une compagnie de volontaires royaux, en service permanent après les cent jours (40).

Quant à mon père, quels dangers pouvait-il courir ? Quelle était la part qu'il avait prise aux événements des cent jours,... si ce ne fut l'improbation la plus manifestée par des actes qu'il peut prouver ? *Non verbis sed operibus.*

Étranger à toute ambition politique, ne demandant ni places ni honneurs, retiré dans sa campagne (à deux lieues de la ville et dans le territoire de Marceillan) où il passe trois cents jours de l'année;.... comment aurait-il pu courir des dangers ?

Il n'est pas un fait, dans la défense, que je ne

puisse étayer de sa preuve;..... vous ne me répondrez que par des mensonges !

Arrivons à la fin du pamphlet où se trouve le comble de la plus impertinente audace :

Ceux qui eurent toujours la paix en horreur, disent qu'ils soupirent après la paix !....

Eh ! Ne sait-on pas que le poisson vivrait plutôt hors de l'eau qu'eux hors des troubles, des querelles et des dissentions (41).

Ceux qui n'ont jamais connu le doux empire de la justice, recommandent la soumission aux lois !

Ceux qui ont tout à gagner aux désordres et aux révolutions, se disent les amis de l'ordre !.... Ils insultent ceux que les révolutions effraient et qui seraient entraînés dans le bouleversement de l'ordre social !

Ceux, enfin, pour qui rien n'est auguste excitent à l'amour pour le Roi !

Ils croient trouver protection pour leurs vices en se disant royalistes et défenseurs de la bonne cause !... Qu'elle serait à plaindre cette bonne cause, si elle n'avait que de pareils défenseurs !

Non, ils ne sont pas royalistes ; ils ne sont rien.... Ils n'ont jamais été rien que méchants !

Les royalistes les repoussent et les désavouent... Je ne serai pas démenti (42) !

Aussi, honteux de l'abjection dans laquelle ils sont plongés, désespérés de leur nullité, rien n'est à l'abri de leurs coups! Les vétérans du royalisme sont, comme les autres, les objets de leurs injures journalières! Calomnier et médire voilà leur pain quotidien! Se trouvant au-dessous de tout, ils voudraient tout rabaisser à leur niveau!

Comme les crapauds, ils ne font connaître leur hideuse présence que par des croassements continuels.

Ils sont venus troubler mon repos, quand je ne pensais pas à eux, m'arracher à mon travail, me forcer à leur répondre!

Ils ont fait leurs éloges et leurs attaques avec des mensonges!

Mes lecteurs jugeront si j'ai répondu par des vérités!

Vous osez dire : *provoquez la réplique*;.... eh bien! Je la provoque, je la brave, je l'incague comme votre fureur.

Eh! Comment la craindrais-je, cette *réplique*, lorsque j'en connais les éléments préparés d'avance et lus en plein café (43), avec cette satisfaction de soi-même qui est un sentiment commun au méchant qui croit nuire, et au mauvais poëte qui s'exagère l'importance de ses vers dont il est le seul à avoir bonne opinion. (*)

J'eusse préféré que vous nous eussiez laissés dans le repos et la paix, idoles de nos cœurs et seule ambition de la vieillesse de mon père !

J'eusse préféré que, converti par l'âge, sur l'infamie des querelles, dont vous fûtes toujours l'instrument quand vous n'en fûtes pas le provocateur, vous vous fussiez méfié de vos lâches instigateurs, de vos perfides amis ; et que vous eussiez eu présentes ces paroles de l'écriture : *vir iniquus lactat amicum suum et ducit eum in viam non bonam !*

Je l'eusse préféré par rapport à vous-mêmes, car je ne vous voulais pas de mal,... et le ciel m'en est témoin !

Quant à mon père,.... il est à l'abri de vos traits ! Rassemblez tout ce qui vous reste de force pour le mal : cherchez ; inventez ; imaginez ! Je vous attends et je vous brave !

Je dis, avec Phocion : « le verre de ciguë ne « troubla point le repos de Socrate ; les scélérats « qui voulaient le perdre étaient incertains du

---

(*) . . . . verùm
Nil securiùs est malo poëta. (Martial).

« succès de leurs calomnies; et il était certain
« de son innocence (*) » !

Mais, croyez-moi, concentrez votre rage. Si vous ne pouvez pas être bon, devenez raisonnable; je vous en donne le conseil ! Et pour finir par des vers, qui valent plus que les vôtres, je vous dirai comme le bon Lafontaine, faisant parler la lime au serpent qui veut la ronger :

> Pauvre ignorant ! Eh ! Que prétends-tu faire ?
> Tu te prends à plus dur que toi ;
> Petit Serpent à tête folle,
> Plutôt que d'emporter de moi
> Seulement le quart d'une obole,
> Tu te romprais toutes les dents.
> Etc.....

(*) 11e. Entretien de Phocion.

NOTES.

(1) Mon opinion sur cet écrit était celle de toute ma famille avec laquelle j'ai, *en toutes choses*, identité de vues, de sentiments et d'opinion. Cette solidarité morale, qui est inhérente à nos êtres, a son principe dans la tendresse paternelle comme dans la piété filiale et l'amour fraternel.... Personne ne nous contestera ces vertus.

(2) Pour prouver la justesse des qualifications données par l'Organe, je dois dire que cette personne, qu'il taxe de jacobinisme, qu'il accuse d'outrager les victimes de 93, eut *son père*, *sa mère*, et *son frère aîné*, emprisonnés en 93 ; qu'elle-même, fort jeune alors, fut accusée d'appartenir à une famille *gangrenée d'aristocratie* ! Enfin, que son beau-père aurait été pendu comme aristocrate, si un homme respectable, que je pourrais nommer, n'eût arraché la corde des mains d'un *féroce bourreau* ! *Ab uno disce omnes* !

(3) On connaît un homme excessivement heureux dans le choix des sobriquets.... il en donne à tout le monde.... quelques-uns prouvent son esprit.... il surnomme, par exemple, quelqu'un la *Bête à C*.... et l'auteur de ce sobriquet est le mari de *Clavice* !

(4) Je dirais mieux en disant : le *déshonneur de l'impression*, car rien de plus déshonoré qu'une impression sans nom d'imprimeur. Elle est flétrie par la morale et condamnée par *les lois existantes* ; mais ce n'est pas le moment de traiter cette question..... occupons-nous de répondre, quelle que soit la manière dont on nous attaque !

(5) Ses attaques me rappellent l'histoire de ce fou qui, étant tombé dans l'ordure, en jetait sur tous les passants. Un de ceux-ci, homme de sang froid, qu'il allait éclabousser, lui dit : Eh, mon ami ! Que vas-tu faire ? Quand tu m'auras sali, en seras-tu plus propre ?

La saillie de ce passant pourrait être la seule réponse aux injures de l'Organe.

(6) Beaucoup de mes amis me conseillaient de ne pas répondre :

leur avis était fondé sur ce que le mépris public faisait une suffisante justice du calomniateur ; sur ce que les bons, qui sont en majorité, savent qu'il ment ; sur ce que les méchants, qui sont en petit nombre, le savent aussi ; de manière que les bons me dispensaient de la réponse, et qu'elle n'empêcherait pas les méchants de feindre l'incrédulité. Mes nombreux amis me disaient, avec Beaumarchais, qu'il fallait avoir un rang, du crédit, de la consistance, être, enfin, quelque chose dans le monde pour y faire sensation en calomniant ; mais que des gens comme l'Organe, Bachacon, etc., médiraient, qu'on ne les croirait pas.

Je ne partageai pas d'abord cet avis : je disais que le silence du calomnié peut donner quelque consistance à la calomnie quand elle est publique, quelque diffamé que soit le caractère du calomniateur ; je disais que je pourrais me taire, seulement sans conséquence, si tous les lecteurs des rapsodies de l'Organe étaient des Agathois ; si, parmi les Agathois, tous avaient son âge ; en un mot, si tous ses lecteurs le connaissaient et connaissaient ceux qui sont l'objet de ses impostures.

Cependant mes amis étaient parvenus jusqu'à présent à me faire éluder ma réponse ; mais dois-je, puis-je prolonger mon silence, lorsque chaque jour éclaire une nouvelle infamie de l'Organe, lorsqu'il paraît chaque jour quelque pièce de vers produite par des ennemis du repos, qui se font un malin plaisir d'exciter la rage de cet individu ; lorsque, quoique complettement étrangers à toutes ces productions, il n'en paraît pas une qui ne soit un nouveau prétexte à l'Organe pour nous attaquer par de mauvais vers, lus en plein Café ? Ne faut-il pas, enfin, qu'il apprenne comment nous attaquons et comment nous nous défendons ?

(7) En lisant les vers que l'Organe attribue à un *Longin*, on ne pensera certainement pas que ce Longin-là soit l'auteur du *traité du sublime*.

(8) L'Organe veut le désigner aussi sous le nom de Saint-Just.... La suite de cet écrit prouvera si ce nom ne conviendrait pas mieux à celui qui le donne !

(9) Je dis : *ce que l'Organe feint de croire*, car je pense qu'il a moins cédé à une conviction profonde qu'au besoin, qui le dévore, de mentir et de calomnier.

(10) Il est ridicule qu'on fasse le reproche *de se tenir derrière la toile*, à celui qui s'est toujours mis en évidence dans toutes ses actions, et que cette sotte idée soit inspirée au plastron d'à présent par le *Bazile* de toutes les époques, qui n'a jamais été que dans *le trou du souffleur* ..... je pourrais bien faire débuter, malgré lui, ce Bazile dans un premier rôle ..... une petite correspondance adressée à ses amis d'autrefois et dédiée, *cum notis*, à ses amis d'à présent, amuserait bien le parterre ..... et, si je résiste à cette tentation, il faut que mon amitié pour quelque membre de sa famille soit bien puissante, puisqu'elle m'arrête. Mais il ne faut pas pousser les gens à bout !....

(11) Je ne cesserai de faire cette question à l'Organe ; pourquoi l'aurait-il fait ? L'Organe sera éternellement embarrassé pour répondre ..... il n'a ni preuves, ni présomptions raisonnables ; et, cependant, il accuse avec le ton de la certitude !....

(12) Une pièce de vers, sortie de la plume de mon frère, n'offrirait certainement pas ce qu'on a vu dans cette fameuse diatribe, à part tant de barbarismes, quatre et six rimes féminines de suite !

(13) Avec cette logique, on vous prouverait tout de même que c'est pour sauver un homme qu'on lui passe la corde au cou et que l'on veut l'étrangler, comme un *rat* pris dans le piège..... c'est la logique d'Agnelet de l'avocat patelin qui tue les moutons de M. Guillaume pour les empêcher de mourir de la Clavelée.

(14) A ce sujet, un de nos plus spirituels concitoyens fit une épigramme, que terminait la pointe de *Martin qui perdit son âne d'un point* ; était-ce un jacobin que ce poëte qui plaisantait le prétendu royaliste prononcé d'à présent sur son désappointement ?

Peut-être aussi que Madame de Mauléon fut maintenue dans la place des postes par les jacobins, et que son compétiteur y était porté par les royalistes ?.... *Risum teneatis* !

Peut être, enfin, est-ce *depuis cette époque* que ce compétiteur s'est dit *un royaliste très-prononcé*, victime du régime de 93.

(15) Observez que dans ce mandat d'arrêt on voit beaucoup d'epithètes, mais qu'on n'y voit pas celle de *royaliste* dont on était cependant alors assez prodigue.

(16) On n'est chassé que du lieu où l'on se trouve. Si, par exemple, l'Organe n'eût pas été membre de la société populaire, on ne l'en aurait pas expulsé.

(17) L'auteur du pamphlet avoue lui-même ingénuement, sans s'en apercevoir, que mon père fut étranger à ces mauvaises actions. Il l'avoue : 1°. lorsque, en cherchant à justifier sa conduite dans l'expulsion du prélat, il dit : *j'ignore si Mentor en aurait fait autant.*

Mentor, puisque *Mentor* va, laissa l'Evêque tranquille ; et, si tout le monde en eût fait autant, ce prélat serait resté dans son palais. Plus tard il serait passé en Espagne avec sa famille ; et l'échafaud révolutionnaire compterait une victime de moins.

2°. Lorsque, au sujet de l'expulsion des capucins, s'adressant aux témoins qu'il invoque, il leur dit :

Dites à ce Mentor ce qu'il fallait d'audace
Pour comprimer l'élan de cette populace.

Si le libelliste pouvait reprocher à mon père d'avoir été acteur dans cette scène, il ne chargerait pas des témoins de lui apprendre ce qui s'y passa..... Il ne fallait pas conduire la *populace* à Notre-Dame ; on n'aurait pas besoin, à présent, de se battre les flancs pour prouver qu'on a cherché à comprimer son *élan* !

(18) Non.... personne ne l'accuse de ces méfaits ni d'autres, tels que la première révolte du 17 avril 1789, à suite de laquelle l'Evêque fut arraché à son palais, et traîné, par la populace, à l'Hôtel de Ville, pour y proclamer une espèce de *maximum*, anticipé de quatre ans sur celui de la Convention ! Qu'on secoue la poussière des ordinaires ; on pourra y trouver des décrets de prise de corps contre le grand Quercy, etc., et contre des individus, avec plus de moyens, qui furent les instigateurs de la canaille, et que la marche rapide de la révolution préserva de la potence..... On n'y trouvera le nom d'aucun des miens.

En interrogeant ses souvenirs, feu M. l'avocat Olivier, ex-receveur du Diocèse, n'a jamais reconnu dans mon père, dont il était l'intime ami ce farouche tribun de l'Ochlocratie qui menaçait sa tête en excitant les paysans contre lui.

(19) Ce n'est pas la première fois que cet acte de modération et l'attaque qu'il valut à mon père en plein conseil, de la part d'un forcené, ont été rappelés à celui-ci. Mon père invoqua ce souvenir dans un mémoire imprimé et signé, qu'il publia en 1795.

(20) Mon père fut aussi incarcéré. On sait qu'en révolution c'est *hodiè mihi, cras tibi* ! Les motifs portés par le mandat d'arrêt, étaient qu'il avait *contrarié les opérations de la convention* en cherchant à exciter le peuple contre elle.

Si ses ennemis d'alors eussent eu d'autres faits à lui imputer, ils n'auraient pas manqué de le faire.

Plus de 400 témoins furent entendus, dans l'instruction qui fut faite à Beziers, contre les divers détenus d'Agde ; et, attendu qu'il n'y avait eu *aucune charge* contre mon père, dans le cours de cette longue instruction, il fut mis en liberté.

L'officier de police judiciaire, qui avait fait l'instruction, qui déclara l'innocence absolue, et qui prononça la mise en liberté de mon père, est le doyen des Jurisconsultes du Département ; il vit encore ce respectable vieillard plus qu'octogénaire, connu dans toute la contrée par sa droiture, ses talents, ses opinions monarchiques et sa piété. Tout le monde reconnaîtra dans ce portrait le vertueux M. Maffre de Gageans.

(21) Avant l'institution des comités révolutionnaires, il existait un comité de surveillance, formé par le conseil municipal ou général de la commune ; vers le terme de son existence mon père brigua l'honneur d'y êtres *adjoint* ; je dis *l'honneur*, parce que ce fut pour attaquer et déjouer un scélérat audacieux, lequel, délégué par le représentant Boisset, et muni de lettres de recommandation, *signées Robespierre*, désolait, opprimait et concussionnait la commune de *Marceillan*. Il y avait dans cette attaque, entreprise par mon père, un courage qui pouvait le conduire à l'échafaud !.... Il fut couronné par le succès ! Le repos fut rendu à Marceillan, et les pères de famille à la liberté.... les Bouisset et autres sont morts....• mais les Baille, les Maffre, les Marés, etc.; en un mot, les principaux, les plus riches, les plus notables citoyens de Marceillan, vivent encore pour déposer vérité..... Leur reconnaissance et celle de leurs concitoyens durent après trente ans !

Ce fut immédiatement après cette affaire que le gouvernement révolutionnaire fut proclamé et les comités révolutionnaires institués Ainsi mon père fut complettement étranger au gouvernement révolutionnaire proprement dit, et on ne peut prouver qu'une participation passagère aux mesures ultérieures, en qualité *d'adjoint* au comité du conseil de la commune, fonctions exercées pendant un très-court espace de temps (37 jours) et honorées par une généreuse et bonne action qui avait été le principal motif de cette participation.

(22) L'administration municipale fut alors composée de MM. Bousquet, président; Bastide; Philippe Dauby; Floret et Taillet, officiers municipaux; Gisquet, commissaire du directoire. Etait-elle anarchiste?.... Calomniateurs, répondez !

(23) Je ne fais pas une apologie.... je serais beaucoup trop long; et d'ailleurs on pourrait accuser de partialité la piété filiale.... mais je réponds à des impostures; et il me faut citer des faits.... Ces fonctions de commissaire du pouvoir exécutif me rappellent que, par un de ses coups de bascule, le directoire ayant ordonné de violentes mesures contre les prêtres déportés et rentrés, aucun ne fut arrêté dans Agde; et cependant l'administration municipale, car cet éloge lui est commun, connaissait l'asile de tous. M. Galéau Taillet, dernier curé de Saint-Sever, qui a porté jusqu'au tombeau la plus tendre amitié à mon père, son élève, trouva un asile de plusieurs mois chez celui-même qui était spécialement chargé de le faire arrêter.... C'est ainsi que l'on sauve !

(24) Il est parvenu, en certaines années, à faire borner à un ou deux hommes le contingent de la ville. Ce fut à lui qu'on dut, principalement, que les communes du canton ne profitassent plus de l'avantage que donnait aux conscrits d'Agde le nombre des marins classés que présentait chaque année le tableau de la conscription.

(25) Si la fontaine de la promenade fut mal exécutée, ce ne fut pas la faute de mon père: son mérite est d'avoir eu l'idée de l'édifier, et d'avoir trouvé, par sa bonne administration, les

fonds pour y pourvoir. Le terrain concédé étant dans la dépendance des fortifications, on fut forcé à suivre les plans donnés par les ingénieurs militaires, qui furent chargés de l'exécution. C'était une condition imposée par l'acte de concession.

(26) Il existait 11500 francs pour un seul objet, l'introduction des eaux dans la ville; et des sommes importantes pour d'autres objets indépendants du service courant et des recettes ordinaires; ce qu'on peut voir en détail dans les comptes rendus.

(27) Ce sont ces amis surtout qui sont à même d'apprécier le contraste de cette vénération profonde, de ce respect de conviction, avec le dégoûtant cynisme du langage de Bachacon !!

(28) Ces faits sont notoires dans Agde !.... Et, ainsi que nous, nos collègues, loin de rougir, s'honorent, j'en suis sûr, de ce que je rappelle.

(29) Le travail de notre maison de commerce n'a pas été le moindre.... il n'a pas eu lieu dans le temps des moindres bénéfices commerciaux.... ceci est écrit à la Douane et à l'administration du canal, et est d'ailleurs fort connu pour toute la contrée !

(30) Qu'on ne croie pas que j'accuse cette municipalité.... Outre que je me suis imposé, aussi rigoureusement que je l'ai pu, la loi de répondre à ceux qui m'ont provoqué, sans offenser aucun de ceux qui ne sont pour rien dans cette provocation, je dois, comme hommage à la vérité, dire que cette municipalité, qui comptait parmi ses membres plusieurs de nos plus notables citoyens, ne fut dans cet enlèvement que l'instrument passif de l'autorité supérieure qui lui en avait donné l'ordre; et que cette argenterie fut reçue, sous inventaires et procès-verbaux, des mains de ses anciens et légitimes possesseurs, et qu'elle fut remise de même au district dont les archives offriraient la preuve de ces faits.

(31) Lorsque le représentant Gérard, de sacrilège mémoire, vint faire dévaster les temples par une soldatesque brutale à laquelle se réunirent quelques hommes du peuple, mon père était à Toulon, avec un des premiers capitaines de la marine d'Agde, chargé de hâter l'expédition des munitions et approvisionnements d'une flotille qu'on équipait dans ce dernier port.

(32) Voici ce que mon père disait à ses ennemis, dans son mémoire imprimé et signé en 1795, « Vous qui avez imaginé, « pour me perdre dans l'opinion publique, de répandre que j'étais « un fripon ; montrez-vous et déclarez publiquement ce que je vous « ai volé ? Mais, forcés d'avouer dans vos conférences particulières « *que je suis irréprochable*, comment pourriez-vous motiver vos « calomnies ? D'ailleurs, *qu'aurais-je pu voler ?* Lorsque, directement « ni indirectement, *je n'ai jamais mis le pied dans la maison d'aucun* « *détenu*, lorsque je n'ai eu aucune gestion, etc.

(33) Lorsque mon père fut arrêté, M. Romieu, père, se chargea amicalement et gratuitement de ses affaires. Tout fut remis entre les mains de ce Monsieur. Mon père avait été arrêté à l'improviste à trois heures du matin dans le mois de février.

M. Romieu fut à même de voir *combien peu* nous possédions. Généreux et loyal ami ! Si, dans cette circonstance je suis flatté de pouvoir en appeler à votre témoignage, je suis encore plus charmé que, après tant d'années, les méchants me fournissent l'occasion de publier que ma reconnaissance est encore toute neuve et durera toujours !

(34) Il n'est pas inutile d'observer que ces *prétendues victimes* de 93 n'ont jamais été plus riches qu'après cette funeste époque : et tout le monde sait que c'est seulement parce qu'ils n'ont su ni produire ni conserver, qu'ils ne sont plus ce qu'ils ont été, et qu'ils ne sont pas ce qu'ils devraient être. Une révolution, qui est toujours un malheur public, est un grand champ de prétextes pour certaines gens..... j'ai vu des habitants du Rouergue demander l'aumône en se disant incendiés de Spa !

(35) Pauvreté n'est pas vice : elle est trop souvent, dans tous les états, la suite de malheurs immérités, dans le commerce, par exemple, état dans lequel je suis né et dont je connais les vicissitudes, je sais faire la part du malheur ! Mais la pauvreté est souvent aussi la conséquence des vices.

Chez les uns, elle est le produit de l'oisiveté qui est la mère de tous ;
Chez d'autres, elle est la suite de l'inconduite et de l'incapacité ;
Chez d'autres, enfin, elle a pour cause l'improbité, qui fait

perdre toute confiance, et la crapule, qui abrutit les talents et paralyse les moyens de parvenir qu'on avait reçus de la nature et de l'éducation.

Si on n'a pas su conserver ni acquérir.... il ne faut pas insulter ceux qui ont su faire l'un et l'autre.... Que disait l'orateur romain de ceux qui outrageaient les vertus qu'ils n'avaient pas ? Qu'ils devaient les respecter, puisqu'ils n'avaient pas su les acquérir ! *Quam vereri deberent, etiamsi percipere non possent.* (Tusculanes liv. 5).

(36) Mon aïeul, laissé en bas âge par son père, avait vu dissiper son patrimoine avant sa majorité. Mon père a replacé sa famille dans la position où elle était depuis deux siècles : (les compois et les archives municipales peuvent établir ce que je dis sur ce dernier fait).

(37) Tes enfants.... qu'ils me pardonnent si je réponds à leur père.... c'est pour défendre le mien et tu es le provocateur....° qu'ils répudient la haine avec ton héritage.... ni leurs cœurs ni le mien ne sont faits pour supporter ce fardeau ! Qu'ils ne refusent pas de m'estimer comme je les estime et comme nous meritons les uns et les autres d'être estimés par les gens de bien !

(38) Si jusqu'à présent les auteurs du pillage ont été inconnus, on commence du moins à connaître ceux qui disent que l'empêchement était à leur disposition....

(39) Que faisait alors votre fils, M. de Bachacon ? Il me semble que, quand on est royaliste, n'aurait-on qu'un œil, on doit le sacrifier pour son Prince !

(40) Si ces faits n'étaient pas incontestables, les certificats de nos capitaines auraient été imprimés avec cette réponse.

(41) Lorsqu'ils ne peuvent pas en susciter de publiques, ils se jettent dans les discussions des particuliers.... si deux hommes plaident, on est sûr que Jeannatas prend parti pour un.... et ce n'est jamais celui qui gagne son procès !

(42) Comme vous êtes de grands dialecticiens, je vous décoche ce syllogisme, pour exemple :

   Une ville est éminemment Royaliste ;
   Un avocat n'y a pas de clients ;
   Donc cet avocat n'est pas Royaliste.

(43) Dans l'impossibilité de trouver des reproches à mon père, vous allez, dans votre délire, lui en faire un de la condamnation prononcée il y a quinze ans, contre un incendiaire, par une Cour de justice dont le président et le Procureur-Général, toujours comptés parmi nos plus intègres magistrats, comptent encore parmi les présidents des Cours Royales de Nîmes et de Montpellier.

Ainsi, selon vous, moralistes et logiciens d'une espèce nouvelle et bien singulière, la victime du crime et les arrêts de la justice seraient flétris ; mais le criminel ne le serait pas !

Ah ! Sans doute, nous l'avons plaint ce malheureux ! Nous avons déploré le sort de sa famille ! Mais les remords ne sont pas pour nous : ce qui nous est arrivé peut arriver à tout homme de bien ! Les remords devaient être pour ceux dont les perfides et sinistres conseils lui mirent peut-être le poignard et la torche à la main, (il fut prouvé que cet homme avait attenté aux jours de mon père avant d'incendier ses propriétés).

Le respect religieux que commandent les tombeaux, quelques cendres qu'ils renferment, m'arrête devant ce triste sujet.... mais j'aurai le stoïcisme de vous suivre et de vous confondre au grand jour lorsque vous m'y forcerez ! En attendant, si je cite, comme un fait, que l'homme dont vous remuez les cendres, fut membre fougueux du comité révolutionnaire, c'est seulement pour vous empêcher de le présenter, à ceux qui l'ignorent, comme une nouvelle victime d'un Royalisme que vous seriez bien capable d'inventer !

A BEZIERS, DE L'IMPRIMERIE DE J.-J. FUZIER. 1823.

www.ingramcontent.com/pod-product-compliance
Lightning Source LLC
Chambersburg PA
CBHW070707050426
42451CB00008B/538